ALFAGUARA^{MR}

INFANTIL

ALFAGUARA^{MR}

INFANTIL

Rimas y números
Numbers and rhymes

D.R. © Del texto: ALBERTO BLANCO, 2008
D.R. © De la traducción al inglés: ALBERTO BLANCO, 2008
D.R. © De las ilustraciones: PATRICIA REVAH, 2008

D.R. © De esta edición:
Editorial Santillana, S.A. de C.V., 2013
Av. Río Mixcoac, Col. Acacias
México, 03240, D.F.

Alfaguara Infantil es un sello editorial licenciado a favor
de Editorial Santillana, S.A. de C.V.
Éstas son sus sedes:
ARGENTINA, BOLIVIA, CHILE, COLOMBIA, COSTA RICA, ECUADOR, EL SALVADOR, ESPAÑA,
ESTADOS UNIDOS, GUATEMALA, MÉXICO, PANAMÁ, PARAGUAY, PERÚ, PUERTO RICO, REPÚBLICA
DOMINICANA, URUGUAY Y VENEZUELA.

Primera edición en Santillana Ediciones Generales, S.A. de C.V.: junio de 2008
Primera edición en Editorial Santillana, S.A. de C.V.:
mayo de 2013
Segunda reimpresión: marzo de 2015

ISBN: 978-607-01-1547-9

Diseño: Arroyo + Cerda, S.C.
El autor y los editores desean expresar un agradecimiento a ELISE MILLER por su revisión
de las traducciones al inglés.

Impreso en México

Esta obra se terminó de imprimir en marzo de 2015 en los talleres de Impresora Tauro S.A. de C.V.
Plutarco Elías Calles No. 396 Col. Los Reyes. Delg. Iztacalco C.P. 08620. Tel: 55 90 02 55

Alberto Blanco

Ilustraciones de
Illustrated by
Patricia Revah

Rimas y números

Numbers and rhymes

ALFAGUARA ᴹᴿ

INFANTIL

Cero

Dicen que el cero no es nada;
otros dicen que es silencio...
el cero es tan sólo un aro
por donde circula el viento.

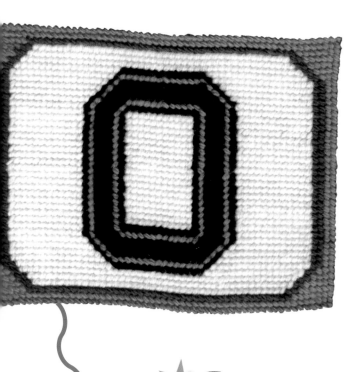

Zero

They say zero is only nothing,
that it is silence, they say...
but zero is a ring of gold
for the wind to move astray.

La nada

La nada que conocemos
no es la nada en realidad;
por ejemplo, en este libro,
la nada es un canevá.

Nothingness

This nothingness that we know
in fact is much more than nothing;
for example, in this book,
this nothingness is a knotting.

Uno

Dicen que uno es lo que piensa;
dicen que uno no es ninguno...
¿o será a final de cuentas
que uno solamente es uno?

One

When they say that one is nothing,
that one is what one intends...
are they saying that one self
is only one at the end?

★La luna

En el cielo hay una cuna
de azúcar y de rocío:
¡es la blanquísima luna
que se protege del frío!

★The moon

In the sky there is a cradle
made from sugar and some dew...
guarding herself from chill
it is the silvery moon!

★Dos

¿No te interesa saber
por qué el dos es tan bonito?
Porque no sabe lo que es
en la vida estar solito.

★Two

Do you really want to know
why number two is so nice?
Because it just doesn't know
what loneliness is in this life.

★Los corazones

Dos ojos tiene tu rostro
muy cerca de cada sien;
y el amor **dos** corazones
para poder sentir bien.

★The hearts

Your face has a pair of eyes
and a pair of ears your head;
and every love has **two** hearts
in order to feel OK.

★Tres

Uno más uno son dos,

y dos más uno son **tres**.

¿Por qué si todo es tan simple

lo enredamos otra vez?

★Three

One plus one is always two,

and two plus one, always **three**.

Why, if it is all so simple

do we tend to disagree?

Las hojas

Las **tres** hojas que estoy viendo
tres árboles pueden ser...
¡dando vueltas en el viento
ya quieren reverdecer!

The leaves

The **three** leaves I'm looking at
may be considered three trees...
and they want to keep on moving
by turning green in the wind!

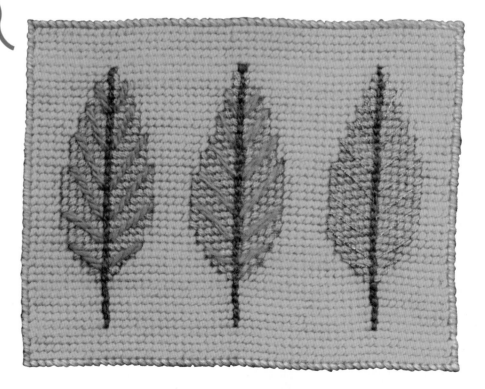

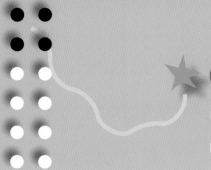

★ Cuatro

El número **cuatro** quiere
mantenerse equilibrado
parado en un solo pie
y apoyado en **cuatro** lados.

★ Four

To keep perfect equilibrium
the number **four** only wants
to stand on a single foot
and then lean on its **four** sides.

★Las mariposas

Las mariposas no son
todo lo que uno quisiera...
apenas un gusanito
con alas de primavera.

★The butterflies

O the butterflies are not
all those things that we would like...
only a tiny little worm
with the Spring for wings to fly.

★Cinco

El número cinco gusta
de dar vueltas en la pista
como si fuera caballo,
monarca o equilibrista.

★Five

The number five tends to like
to go 'round the circus ring
as if it were like a horse,
a ropedancer or a king.

★ Las flores

Muchas de las flores tienen
cinco pétalos y un centro:
los pétalos ven hacia afuera,
y el centro ve para adentro.

★ The flowers

Almost all the flowers have
five petals for you to enter:
the petals look to the outside,
and to the inside, the center.

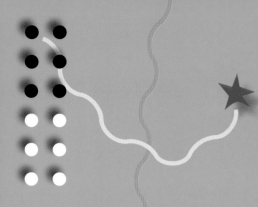

★ Seis

Espejo del mar, el cielo;
espejo del ave, el pez;
espejo del seis el nueve
y espejo del nueve el seis.

★ Six

The sea's mirror is the sky;
the bird's mirror is the fish;
mirror of the six, the nine,
mirror of the nine, the six.

★Las catarinas

Con un nombre tan sonoro
y un vestido tan bonito,
las catarinas son todo
lo que quiero y necesito.

★The ladybugs

With such a melodious name
and such a beautiful gown,
the ladybugs are forever
what I love of what I've found.

★Siete

El **siete** cuando se dobla
no es porque esté adolorido;
más bien ha de estar pensando
en que el ocho es más gordito.

★Seven

When the **seven** folds in two
it is not because it's hurt;
it is just because it's thinking
of the chubby looking eight.

★Los paraguas

Los paraguas, las sombrillas,
cumplen su doble función:
protegernos de la lluvia
y protegernos del sol.

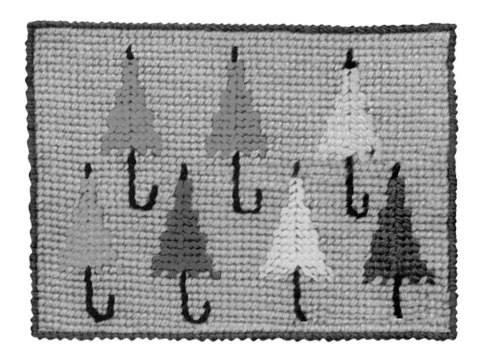

★The umbrellas

The umbrellas we like to use
function for a double task:
to protect us from the rain
and to shade us from the light.

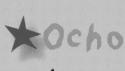

★Ocho

Aunque se parece a un moño
el **ocho** a mí me recuerda
la hélice de un avión
o una pista de carreras.

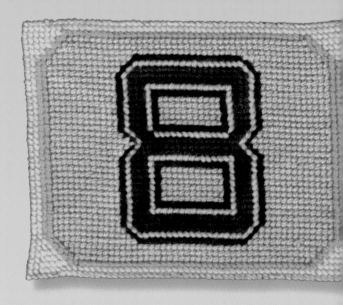

★Eight

Although it looks like a bow,
to me the **eight** seems, for starts,
the propeller of a plane
or a race track for toy cars.

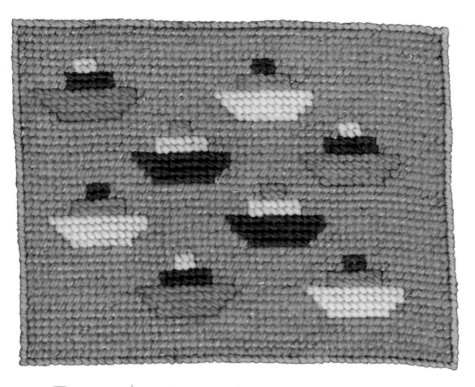

★ Los barcos

Esos barcos que a lo lejos
ves flotando en altamar
son ocho sueños de fierro
con ganas de navegar.

★ The ships

Those ships you see from afar
floating peacefully in the sea
are like eight dreams made of iron
longing to sail in the breeze.

★Nueve

De los números que existen
¿cuál te parece el más grande?
Aunque parezca mentira,
el nueve... que es un gigante.

★Nine

Of all the numbers there are
which one's the biggest in line?
Although it may seem a lie,
the giant is number nine.

Las banderas

Esos trapos coloridos
no parecen de a deveras,
aunque bien pueden ser vistos
en todas nuestras banderas.

The flags

Those colors that look so good
don't seem to really be rags,
even though you sure can find 'em
on all of our lovely flags.

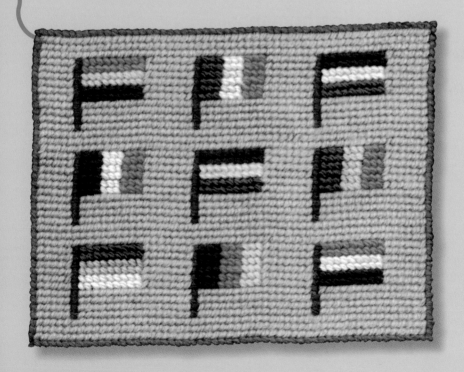

★Diez

Contamos –no es de extrañar–
de **diez** en **diez** los humanos:
¡si aprendimos a contar
con los dedos de las manos!

★Ten

Ten by **ten** we tend to count,
and this is not a surprise,
because we have learned to count
with the fingers of our hands!

★ Las calabazas

A principios de noviembre
se volvieron a juntar
las calabazas de siempre
y la noche en un altar.

★ The pumpkins

In the first days of November
they were together again:
the pumpkins for Halloween
and the altars for the Saints.

★Once

El número once fue,

es y seguirá siendo,

dos unos puestos de pie:

dos rayitas en el tiempo.

★Eleven

The number eleven was,

is and will always be like

two ones standing side by side:

two little marks in our time.

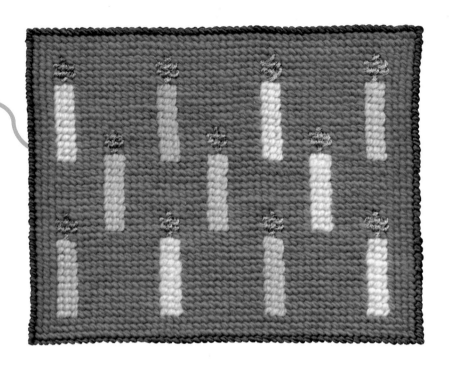

★ Las velas

El pastel es siempre el mismo:
¡once velas para un fuego!
Aunque cambie lo que pido
jugamos el mismo juego.

★ The candles

The cake is always the same:
eleven candles fly higher,
'Cause only the wishes change:
Eleven candles, one fire!

★Doce

Doce meses tiene el año
y sólo cuatro estaciones;
Doce signos el Zodiaco
y doce constelaciones.

★Twelve

Twelve months in a yearly cycle
and four seasons every time;
twelve ancient signs in the Zodiac
and a bunch of stars that rhyme.

★ Las esferas

Si escuchas con gran cuidado,
y esperas –no desesperas-
podrás oir en el árbol
la música de las esferas.

★ The spheres

If you listen with great care
attending the Christmas tree
you will discover that there
is the music of the spheres.

Los números

Los números, al contarlos,
nos parecen infinitos...
pero puedes dibujarlos
con unos cuantos palitos.

The numbers

When we try to count all numbers
they seem like unending signs...
but we can certainly draw them
with just a couple of lines.

Alberto Blanco

Poeta, ensayista y traductor, nació en la ciudad de México en 1951. Ha publicado más de veinticinco libros de poesía y sus poemas han sido traducidos a una docena de idiomas. En Alfaguara Infantil ha publicado *Luna de hueso*, *El blues de los gatos* y *Dichos de bichos*. Es miembro del Sistema Nacional de Creadores.

Patricia Revah

Tejedora e ilustradora, nació en la ciudad de México en 1954. Trabajó con telares por muchos años antes de comenzar a desarrollar sus ilustraciones tejidas, bordadas y aplicadas. Ha compartido con el poeta Alberto Blanco, más de 30 años de matrimonio, así como dos hijos —Dana y Andrés— y muchísimos trabajos, aventuras y viajes.